CATALOGUE
D'ALBUMS

LITHOGRAPHIES
ET
EAUX-FORTES

Provenant de la collection de M. NADAR

DONT LA VENTE AUX ENCHÈRES PUBLIQUES AURA LIEU

HOTEL DES COMMISSAIRES-PRISEURS, RUE DROUOT, N° 9

SALLE N° 8

Le Jeudi 5 Décembre 1895

A deux heures précises.

Mᵉ MAURICE DELESTRE	**M. JULES BOUILLON**
Commissaire-priseur	Marchand d'Estampes de la Bibliothèque nationale
27, RUE DROUOT, 27	RUE DES SAINTS-PÈRES, 3

PARIS, 1895

PARIS

IMPRIMERIE D. DUMOULIN ET Cie

5, RUE DES GRANDS-AUGUSTINS, 5

CATALOGUE
D'ALBUMS

LITHOGRAPHIES
ET
EAUX-FORTES

Provenant de la collection de M. NADAR

DONT LA VENTE AUX ENCHÈRES PUBLIQUES AURA LIEU

HOTEL DES COMMISSAIRES-PRISEURS, RUE DROUOT, N° 9
SALLE N° 8
Le Jeudi 5 Décembre 1895
A deux heures précises.

Mᵉ MAURICE DELESTRE	**M. JULES BOUILLON**
Commissaire-priseur	Marchand d'Estampes de la Bibliothèque nationale
27, RUE DROUOT, 27	RUE DES SAINTS-PÈRES, 3

PARIS, 1895

CONDITIONS DE LA VENTE

Elle sera faite au comptant.

Les acquéreurs payeront CINQ POUR CENT en sus des enchères, applicables aux frais de vente.

M. BOUILLON se réserve la faculté de réunir ou de diviser les lots.

L'ordre du Catalogue sera suivi.

DÉSIGNATION

1 — **ALBUM CONTEMPORAIN.** Collection de dessins et croquis des meilleurs artistes de notre époque. Ouvrage publié sous le patronage des principaux maîtres contemporains. En vente au siège de la Société iconographique. 1 vol. in-4° cart.

2 — **ALBUM** de P. Dupont, accompagnements de Reyer, dessins de MM. Staal et E. David. *Paris, Vialat,* s. d., 1 vol. in-4° cart.

3 — **ALBUM** de L. Clapisson, paroles de Fréd. de Courcy. *Paris, J. Meissonnier et fils,* s. d., 1 vol. in-4° cart.

4 — **ALBUM** de la Revue des peintres. 15 pièces coloriées en 1 vol. in-4° cart.

5 — **ALBUM** des salons. Recueil de lithographies par Charlet, Grenier, Madou, J. David, etc. 21 pièces en 1 vol. in-4° cart.

6 — **ALBUMS** des salons de 1843 et 1844. Collection des principaux ouvrages exposés au Louvre reproduits par les peintres eux-mêmes ou sous leur direction. *Paris, Challamel,* 1843-1844. 2 vol. in-4° cart.

7 — **ARTHUR.** Un peu partout ou les ridicules de la vie. Album caricatural par Arthur X. 1864 et 1865. 1 vol. in-fol. demi rel. toile.

8 — **ADAM.** Le chapitre des accidents, par Maurice Alhoy, illustré d'après les dessins de Victor Adam, — Les Singeries humaines, petit muséum comique et grotesque. 2 vol. in-8 obl. dont un broché et l'autre cartonné.

9 — **ADAM.** Proverbes en actions. Album composé et lithographié par V. Adam. 1 vol. in-4° cart.

10 — **ADAM.** Histoire de France en tableaux. Suite de 108 sujets représentant par ordre chronologique les

principaux faits de l'histoire de ce pays, depuis Pharamond jusqu'à nos jours. Composés et lithographiés par Victor Adam. *Paris, Aubert*, s. d., 1 vol. in-4° obl., cart.

11 — **ADAM**. Proverbes en actions. Album composé et lithographié par Victor Adam. *Paris, Aubert*, s. d., 1 vol. in-4° cart.

12 — **BENJAMIN**. Grand chemin de la postérité. Grande pièce en forme de frise, pliée en 1 vol. in-4° cart.

13 — **BŒTZEL**. Le Salon (1865). Cinquante tableaux et sculptures dessinés par les artistes exposants, gravés par M. Bœtzel. *Paris, au bureau de la Gazette des Beaux-Arts.* 1 vol. gr. in-8 obl., broché.

14 — **BRESDIN** (Rodolphe). Le Bon Samaritain. Grande lithographie in-fol. en hauteur. Épreuve sur chine, avec dédicace.

15 — **BRY** (Th. de). Frises formées d'amours et de dauphins. Cinq pièces. Belles épreuves.

16 — **CADART**. L'Eau-forte en 1874-1875-1877-1878 et 1880. 150 pièces en portefeuille.

17 — **SOCIÉTÉ DES AQUAFORTISTES**. Publié par Cadort et Luquet. Années 1863-1865. 240 pièces avec titres.

18 — **CARICATURES**. Le Chaos-caricature de tout le monde. 1 vol. in-4° obl., cart.

19 — **CHAIGNEAU**. Le Soir. Épreuve sur chine.

20 — **CHAM**. Histoire du prince Colibri et de la fée Caperdulaboula, — Voyage de Monsieur Boniface. 2 vol. in-8 obl., cart.

21 — **CHAM**. Souvenirs de garnison et des plaisirs attachés à la chose. *Paris, Aubert*. 1 vol. in-4° cart.

22 — **CHAM**. A la guerre comme à la guerre. *Paris, Aubert*. 1 vol. in-4° cart.

— 5 —

23 — **CHAM**. Les Calembours, — Folies caricaturales. — Album de croquis par H. Emy. 3 vol. in-4°, cart.

24 — **CHAM**. Revue comique du Salon de 1851, — Revue comique de l'Exposition de l'Industrie, — Olla Podrida, — Paris s'amuse, — Croquis militaires, — Charges parisiennes, — Variétés drolatiques, — Nouveaux croquis de chasse, — Fantasia, — Coups de crayon, — Le Salon pour rire (1875), — Nouveaux habits, nouveaux galons ! — Les Chasseurs, — Macédoine, — Les Voyages d'agrément, — Croquis en l'air, — Revue du Salon de 1853, — La banque Proud'hon et autres banques socialistes, — Proud'hon en voyage, — Ces jolis messieurs et ces charmantes petites dames, — La Bourse illustrée, — Folies du jour, — Caricatures politiques et sociales, — Proudhoniana ou les socialistes modernes, — Salmigondis, revue du Salon de 1851, — Cham au Salon de 1861, — En Pologne, — Les Français en Chine, — Mélanges comiques, — Encore un album, — Les Kaiserlicks. 32 albums in-4°, brochés.

25 — **CHAM**. Album de portraits comiques, — Albums de caricatures charivariques, artistiques, scientifiques et théâtrales, — Impressions de voyage de monsieur Boniface, — Album de rébus comiques, — Fantasia enfantine. Six albums in-8 obl., brochés.

26 — **CHAM**. Les Zouaves, — Les Aventures de monsieur Beaucoq, ex-rosieur de la commune de Nanterre, — Albums charivariques. Trois albums in-4° publiés aux bureau du *Charivari* et chez *Arnauld de Vresse*, brochés.

27 — **CHAM**. Mœurs britanniques, — Les Madeleines, variété de l'espèce Lorettes, — Actualités, etc. 48 pièces publiées chez *Aubert*. 1 vol. in-4° cart.

28 — **CHAM**. Impressions lithographiques de voyage, par MM. Trottman et Cham, — Nouveaux voyages et nouvelles impressions lithographiques, philosophiques et comiques de MM. Trottman et Cham. *Paris*, chez *Aubert*, s. d., 45 pièces, in-4° en feuilles.

— 6 —

29 — **CHAM**. Les Gentils petits enfants, — Miroir caricatural, — Croquis d'été, — Etudes sociales, Actualités. — 61 pièces dont une partie coloriée.

30 — **CHAM**. Œuvres choisies. *Arnauld de Vresse*, s. d, 9 vol. in-4° cart.

31 — **CHAM**. Les Tortures de la mode. *Paris, au bureau du journal les Modes Parisiennes et du Journal amusant*. 25 pièces en 1 vol. in-4°, broché.

32 — **CHAM**. Voyage de Paris dans l'Amérique du Sud, poussé jusqu'au Havre inclusivement. *Paris, Arnauld de Vresse*, s. d., 1 vol. in-4° cart.

33 — **CHAM**. Nos Gentils Hommes, goût, tournure, élégance, mœurs et plaisirs de la jeunesse dorée. *Paris, Aubert*, s. d., 1 vol. in-4° cart.

34 — **CHAM**. Deux Vieilles Filles vaccinées à marier. *Aubert*, 1 vol. in-8 obl., broché.

35 — **CHAM**. Souvenirs de garnison et des plaisirs attachés à la chose. *Paris, Aubert*, s. d., 1 vol. in-4° obl., cart.

36 — **CHAM**. Mœurs algériennes, Chinoiseries turques. Nouvel album par Cham de N... *Paris, Aubert et Cie*, s. d., 1 vol. in-4° cart.

37 — **CHAM**. Voyage de Paris dans l'Amérique du Sud, poussé jusqu'au Havre inclusivement. *Paris, Aubert*, s. d., 1 vol. in-4° cart.

38 — **CHAM**. Impressions lithographiques de voyage, par MM. Trottman et Cham. *Paris, chez Aubert*, s. d., 1 vol. in-4, cart.

39 — **CHAM**. Impressions lithographiques de voyage, par MM. Trottman et Cham. *Paris, chez Aubert*, — Les Tortures de la Mode. *Paris, au bureau du Journal les Modes parisiennes*. — M. Papillon, ou l'amour autour du monde. *Paris, Maison Martinet*, 5 vol. in-4, cart.

40 — **CHAM**. Ah! quel plaisir de voyager. *Paris, Hautecœur*. Pincez-moi à la campagne. *Paris, Maison Martinet*, 2 vol. in-4, demi-rel. mar. vert, dos et coins.

41 — **CHAM et DAUMIER**. Album du Siège, Recueil de caricatures publiées pendant le siège dans le *Charivari*. 1 vol. in-4, broché.

42 — **COSTUMES**, mœurs et usages de la cour de Bourgogne sous le règne de Philippe III, dit le Bon, 1453-1460. 5 livraisons in-fol.

43 — **COSTUMES** de Suède, Norvège, Danemark, Hollande et Allemagne, dessinés par Belin, Karl, Girardet, H. Sharles, etc. 1 vol. in-4, broché.

44 — **COSTUMES**. La Suisse, ou costumes, mœurs et usages des cantons suisses. Suite de gravures coloriées, avec leurs explications, par J.-B.-B. Lyriès. *Paris, Gide*, s. d., gr. in-8, demi-rel. mar. rouge à long grain, non rog. (*Rel. de l'époque.*)

45 — **COSTUMES**, habillements, mœurs et coutumes dans les provinces septentrionales des Pays-Bas. *Amsterdam, Maaskamp*, s. d., in-8, cart. à la Bradel, non rogné.

Charmant album enrichi de vingt jolies planches très finement coloriées.

46 — **COSTUMES** civils, militaires et religieux du Mexique, dessinés d'après nature, par C. Linati. *Bruxelles, Jobard* (vers 1820), in-4, fig., demi-rel. veau fauve.

Portrait et vingt-quatre superbes planches coloriées.

47 — **COSTUMES**. Recueil de 15 belles planches de costumes coloriés (époques de Louis XI à Louis XVI), dessinés par Compte Calix, gravés par Carrache, Bracquet, etc. *Paris, Philipon*, s. l. n, d., en 1 vol. in-4, demi-rel. chag. rouge, non rog.

48 — **COSTUMES D'ITALIE**, d'après les peintures faites par Barbault, à Rome, en 1750, gravés à l'eau-forte, par Léon Gaucherel. *Paris, Cadar et Chevalier*, s. d., pet. in-fol., demi-rel. chag. grenat.

Bel exemplaire, orné d'un titre-frontispice et douze planches sur chine, montées sur onglets.

— 8 —

49 — **COSTUMES**. Album factice de 80 planches de costumes arabes, juifs arabes, grecs, maures, etc., d'après les dessins de Compte Calix, Karl Girardet, A. Portier, Lamino, etc. Planches in-8, montées in-4, demi-rel. toile noire.

Belles épreuves de premier coloris.

50 — **COSTUMES**. Musée des costumes et Musée cosmopolite, publiés par la Maison Aubert. 410 pièces in-4, col.

51 — **COSTUMES**. Modes tirées de divers journaux de 1850 à 1866. 334 pièces coloriées.

52 — **CRUIKSHANK**. Illustrations of time by George Cruikshank London, W. Kent et C*, s. d, 1 vol. in-4 obl. cart.

53 — **DARJOU**. Costumes de la Bretagne. *Paris*, au bureau du journal *les Modes parisiennes* et du *Journal amusant*. 20 pièces coloriées en 1 vol. in-4, broché.

54. — La Bretagne. Suite de 20 litographies en 1 vol. in-4, cart., avec dédicace à Nadar sur la première feuille.

55. — **DAUMIER** (H). Album des charges du jour. 30 lithographies. Au bureau du *Journal amusant* et chez Martinet, 1 vol. in-4 obl., broché.

56 — **DAUMIER** (H). Les représentants représentés, les moments difficiles de la vie, actualités, croquis parisiens, croquis pris au théâtre, enfantillages, Paris l'été, etc. etc. 165 pièces.

57 — **DAUMIER** (H). Les représentants représentés, croquis musicaux, croquis parisiens, etc. 74 pièces.

58 — Les cent Robert-Macaire. *Paris*, au bureau du *Journal pour rire*, titre par Célestin Nanteuil, 1 vol. in-8, demi-rel. mar., br., dos et coins.

59 — **DAUMIER et VERNIER**. Ces bons Autrichiens, album par Daumier et Charles Vernier. En vente aux bureaux du *Charivari* et chez *Martinet*, 1 vol. in-4 obl., broché.

60 — **DELATRE**. Douze eaux-fortes et pointes sèches par Aug. Delatre, 1877, dans la couverture de publication.

61 — **DIVERS**. Lithographies par Bellangé, Mouilleron, V. Adam, Deveria, Lepoitevin, etc. 57 pièces.

62 — **DIVERS**. Caricatures anglaises et françaises. 50 pièces.

63 — **DORÉ** (G.). Charge de Nadar, dessin au crayon noir et lavis.

64 — **DORÉ** (G.) Le Suicide de Gérard de Nerval, rue de la Vieille-Lanterne. Epreuve sur chine, avec dédicace.

65 — **DORÉ** (G.). Des-Agréments d'un voyage d'Agrément. *Paris, Féchoz et Letouzey*. 1 vol. in-4, broché.

66 — **DORÉ**. Histoire pittoresque, dramatique et caricaturale de la Sainte-Russie, d'après les chroniqueurs et historiens... commentée et illustrée de 500 magnifiques gravures, par Gustave Doré. *Paris, J. Bry*, 1854, 1 vol. in-fol. cart.

67 — **DORÉ**. La Ménagerie parisienne, — Folies gauloises, — les différents publics de Paris, 3 vol. in-4 obl., demi-rel.

68 — **DORÉ**. La Légende du Juif-errant, compositions et dessins, par Gustave Doré. Poème avec prologue et épilogue, par Pierre Dupont. *Paris*, 1856, 1 vol. in-fol., demi-rel. mar. rouge, dos et coins.

69 — **DORÉ et FRITZ**. Les Travaux d'Hercule, les tables et les têtes qui tournent ou la fièvre des rotations en 1853. 2 vol. in-8 obl., cart.

70 — **DRANER**. Paris assiégé, scènes de la vie parisienne pendant le siège. *Paris, au bureau de l'Eclipse*, s. d. In-4 en feuilles dans un carton, plats imprimés en coul. Album de 32 curieux dessins de Draner, tirés en couleurs.

71 — **DRANER**. Types carnavalesques. 12 planches et 1 titre. In-fol. en portéfeuille.

72 — **DUPLESSIS-BERTAUX**. Intérieur d'un comité révolutionnaire. *Paris*, 1793. Epreuve à l'état d'eau-forte.

— 10 —

73 — **EAUX-FORTES DE LEPIC**. Comment je devins graveur, à l'eau-forte, par le comte Lepic; la gravure à l'eau-forte, essai historique, par Raoul de Saint-Arroman. *Paris, V° A. Cadart*, 1876. In-fol. en feuilles.

74 — **ÉCOLE MODERNE**. Eaux-fortes par Vautier, Appian, Jacquemart, Lucien Gautier, Deblois, Martial, Boulard, etc. Onze pièces en épreuves d'artiste.

75 — **FANTAISIES**. Album par Cham, Darjou et Pelcocq. En vente aux bureaux du *Charivari*. 30 pièces et 1 titre, 1 vol. in-4° broché.

76 — **FLEURS**, fruits et légumes du jour, par Alfred Le Petit, légendes de H. Briolet. *Paris*, aux bureaux de l'*Eclipse*. In-4, en portefeuille.

77 — **DE FORBIN**. Un mois à Venise ou recueil de vues pittoresques, dessinées par M. le comte de Forbin et M. Dejuinne. *G. Engelmann*, 1825. 1 vol. in-fol. chagrin.

78 — **FRAGONARD**. (H.). L'Armoire. Belle épreuve, sans marge.

79 — **FUNÉRAILLES** de S. M. Léopold Ier, roi des Belges, et avènement de Léopold II au trône. *Bruxelles, Chemar frères*, photographes du roi. In-fol. en portefeuille.

80 — **GALERIE** comique, publié chez Aubert. 25 pièces coloriées en 1 vol. in-4 obl., cart.

81 — **GAVARNI**. Portrait de Henri Murger. Épreuve sur chine avant la lettre, avec dédicace et signature de Murger.

82 — **GAVARNI**. Œuvres nouvelles. 34 cahiers de 10 planches chacun, in-4, brochés.

83 — **GAVARNI**. Un bal costumé, Détenus pour dettes, les Lorettes, la Boîte aux lettres, A. Highland piper, etc. 23 pièces.

84 — **GAVARNI**. Les Enfants terribles, 44 pièces en feuilles.

85 — **GAVARNI**. Masques et visages, — les Propos de Thomas Vireloque, suite de 20 pièces, avec 2 portraits de Gavarni et 6 feuilles de texte. 1 vol. in-fol., cart.

86 — **GAVARNI.** Les Toquades. Album composé de 20 planches dessinées sur pierre, par Gavarni. Epreuves sur chine. In-fol. en feuilles.

87 — **GAVARNI.** Œuvres choisies de Gavarni, édition spéciale publiée par le *Figaro* pour ses abonnés, suivies de l'œuvre complète publiée dans *Le Diable à Paris* sous ce titre : *Les Gens de Paris*, 520 dessins avec leurs légendes. *Paris*, 1857, 1 vol. in-folio cart.

88 — **GILL.** La Mille et Deuxième Nuit, conte inédit d'Edgar Poë, illustré par André Gill. 1 vol. in-4° cart.

89 — **GOYA** (F.). Les Caprices, suite de 80 planches gravées à l'eau-forte. 1 vol. in-4° cart.

90 — **GOYA.** Los Proverbos. Coleccion de diez y ocho laminas inventadas y grabadas al aqua fuerte por don Francisco Goya. *Madrid*, 1864, 1 vol. in-fol. obl. cart. On y a ajouté sept autres pièces gravées aussi à l'eau-forte par Goya.

91 — **GOYA.** — Philippe III, — Marguerite d'Autriche, — Philippe IV, — Isabelle de Bourbon, — Baltasar Carlos, — Comte d'Olivarès. Six portraits in-fol. équestres, d'après Velasquez.

92 — **GRENIER.** Album lithographique, 1828. Publié par Ch. Motte. 1 vol. in-4° cart.

93 — **GUILLAUMOT.** Costumes anglais du temps de la Révolution et du premier Empire, 1795-1806. Vingt-cinq eaux-fortes de M. Guillaumot fils, coloriées avec le plus grand soin. *Paris*, 1879, in-4° en portefeuille.

94 — **GYP.** Une Election à Tigre-sur-Mer, racontée par Bob. 1 vol. in-4° obl. cart.

95 — **HADOL.** Vieux Noëls illustrés, airs primitifs recueillis et arrangés pour le piano, par l'abbé Rastier. Dessins par Hadol. *Paris*, L. Hachette et Cie, sans date. 1 vol. in-fol. cart.

— 12 —

96 — HANCKÉ. M. de la Canardière ou les Infortunes d'un Chasseur, par un veneur ami du héros. *Paris*, au bureau du *Journal des Chasseurs*, 1 vol. in-8° obl., cart.

97 — HERVILLY (Ernest d'). Les Bêtes à Paris, 36 sonnets par Ernest d'Hervilly, illustrés par G. Fraipont. Paris, Launaste, s. d. In-4° en feuilles dans la couv. illust.

98 — HUET (Paul). Les Sources de Royat, gr. in-fol., 1837. Epreuve d'artiste, sur chine, avec dédicace.

99 — JACQUE (Charles). — Le Repos, — Pifferaris, le Printemps, — Tir à la bécasse, — le Repos, — l'Eté, — Paysage, — les Petites Vachères, — le Chemin de halage, — Pastorale, — un Coin de cour, — l'Abreuvoir, — le Petit Porcher, — le Matin, — le Laboureur, — l'Arrivée au champ, — Pêche au vif, — une Ferme, — la Rentrée, — Vaches hollandaises, — l'Hiver, — Coq et Poules, — Première leçon d'équitation. 24 pièces sur chine.

100 — JACQUE (Charles). Les Douze Mois de l'année, gravés par Ad. Lavieille.

101 — JACQUE (Charles). Album de sujets rustiques gravés pour l'Illustration, d'après les tableaux et les dessins de Ch. Jacque, par Adrien Lavieille. *Paris*, 1853. 1 vol. in-fol., cart.

102 — JACQUEMIN. Iconographie générale et méthodique du costume du IVe au XIXe siècle. Collection gravée à l'eauforte, d'après des documents authentiques et inédits par Raphaël Jacquemin. *Paris*, 1863, 160 pièces in-fol. coloriées en feuilles et 1 vol. in-4 de texte, broché.

103 — JAPONAISES (Estampes). Sous ce numéro, il sera vendu 10 albums d'estampes et dessins japonais et chinois.

104 — LE JOUR DE L'AN et le reste de l'année, 373 gravures et dessins par Cham, Bertall, Seigneurgens, Stop, etc. 1 vol. in-8 obl., broché.

105 — JOURNAUX. Le Pierrot, — Paris-Noël, 1886-1887,
106 — l'Autographe au Salon de 1866, — l'Autographe. — la

Grande Industrie ; les arts et les expositions, — Galerie contemporaine, etc.

106 — **JOURNAUX**. L'*Autographe* en 1864 et numéro spécial à la mort de Charlotte Corday, — l'Autographe au Salon de 1864 et dans les Ateliers, — Figaro photographe, 4 livraisons in-fol., brochées.

107 — **KŒPPING** (Ch.). Le Mont-de-Piété, d'après Munkacsy. Épreuve sur japon.

108 — **LACAUCHIE**. Train de plaisir dans les cinq parties du monde. Voyage pittoresque et fantastique, texte par A. de Bragelonne, lithographies par A. Lacauchie. 1 vol. in-4, cart.

109 — **LANTÉ**. Les Femmes célèbres de l'ancienne France,— Mémoires historiques sur la vie publique et privée des femmes françaises depuis le ve siècle jusqu'à la fin du xve, par M. Le Roux de Lincy. *Paris, Leroi*, 1852, 1 vol. in-4, cart.

110 — **LASSALLE ET COPPIN**. Faits remarquables de l'histoire de France, illustrés par MM. Lassalle et Coppin. *Paris, Hautecœur frères*, s. d., 1 vol. in-4 obl., cart.

111 — **LA VIEILLE** (Adrien). Les Quatre Heures du jour, Scènes rustiques gravées d'après les dessins originaux de J. F. Millet. Quatre pièces. Epreuves sur chine.

112 — **LECONTE** (H.). Armée française. 144 feuilles coloriées, publiées chez Hautecœur-Martinet. In-4 en feuilles.

113 — **LÉGENDES** rustiques, dessins de Mauricie Sand, texte par George Sand. *Paris, A. Morel et Cie*, 1858. 1 vol. in-fol., cart.

114 — **LEGROS**. M. Alphonse Legros au Salon de 1875, note critique et biographique ornée de trois gravures du maître. *Paris, Rouquette*, 1875. In-4, en portefeuille.

115 — **LIESVILLE** (A. R. de). Recueil de bois ayant trait à l'imagerie populaire, aux cartes, aux papiers, etc. *Caen*, 1867, 1 vol. in-fol. broché.

— 14 —

116 — **MALPIÈRE**. La Chine. Mœurs, usages, costumes, arts et métiers, peines civiles et militaires. Cérémonies religieuses, monuments et paysages, d'après les dessins originaux du Père Castiglione, etc., etc., avec des notes explicatives et une introduction, par D.-B. de Malpière. *Paris*, 1825-1848, 4 tomes en 2 vol. in-4, demi-rel. mar. rouge, fig. coloriées.

117 — **MANET** (E.). Les Ballons. Grande lithographie en largeur. Très belle épreuve. Rare.

118 — **MARCELIN**. Le Tabac et les fumeurs. *A Paris*, au bureau du *Journal amusant*. 1 vol. in-4, demi-rel. mar. rouge, dos et coin.

119 — **MARILHAT**. Place de l'Esbekieh, au Caire. Belle épreuve.

120 — **MILLET** (d'après J. F.). La Femme au ronet, — le Nouveau-né, — les Glaneuses. Trois pièces gravées par Damman, Bracquemond. Epreuves sur chine.

121 — **MONNIER**. Rencontres parisiennes, — Macédoine pittoresque, par Henry Monnier. *Paris et Londres*, s. d. 18 planches coloriées en 1 vol. in-8 obl., cart.

122 — **MONUMENTI**. 1 munificenze di Sua Maesta la Principessa imperiale Maria Luigia... Opera pubblicata per cura del suo gran maggiordomo S. E. il conte Carlo di Bombelles. *Parma*, 1845, 1 vol. in-fol. obl., cart.

123 — **MUSÉE** du Magasin comique de Philipon. *Paris*, chez Aubert, s. d., 1 vol. in-4, cart.

124 — **NADAR**. Jury au Salon de 1857. A la Librairie-Nouvelle, in-4 obl., br.

125 — **NANTEUIL** (Célestin). Album des soirées, — le Musée, — Frontispices de romances, — Portrait de Chaplin, etc. 27 pièces.

126 — **NANTEUIL** (C.). 26 janvier 1855, rue de la Vieille-Lanterne (Mort de Gérard de Nerval). Epreuve sur chine, avec dédicace.

127 — **NANTEUIL** (C.). Chansons de Nadaud. 1 v. in-4 cart.

128 — **NORWEB**. Extravagances d'une plume, dédiées aux amateurs de l'Opéra. *Rotterdam*, s. d., 1 vol. in-4, br.

129 — **LÉONCE PETIT**. Les Bonnes Gens de province. Bureaux du *Journal amusant* et du *Journal pour rire*, 1 vol. in-4 obl., br.

130 — **PETIT** (Léonce). Les Bonnes gens de province. *Paris*, au bureau du *Journal amusant*, 1 vol. in-4 obl., br.

131 — **PETIT**. Musée des artistes, — Album des jeunes personnes, par Charpentier et Désandré. *Paris, Théodore Lefèvre*, s. d., 1 vol. in-4 obl., cart.

132 — **PHILIPON**. Musée du Magasin comique. *Paris*, chez Aubert, 1 vol. in-4, cart.

133 — **PICTURES** of life and character by John Leech, from the collection of Mr Punch. *London*, 1857, 1 vol. in-fol. obl., demi-rel. mar. rouge, dos et coins.

134 — **PIGAL**. Scènes populaires, — Scènes de société, — Proverbes, — Mœurs parisiennes, — Médailles ou Contrastes, etc. 106 pièces coloriées en 1 vol. in-4, cart.

135 — **PIGAL**. Métiers de Paris, — Scènes populaires et familières. 8 pièces coloriées.

136 — **RAFFET**. Diligences. — Il est défendu de fumer, mais vous pouvez vous asseoir. — Marche d'une division. 5 pièces.

137 — **RAMBERT**. La Misère, dessins et texte par Rambert. *Paris, Vve Delarue*, s. d., in-fol. en feuilles.

138 — **RANDON**. Histoire de M. Verjus. — Ah! quel plaisir d'être soldat !!! L'Ecole du Cavalier. Trois vol. in-8 obl., dont deux demi-rel. et un broché.

139 — **RANDON**. La Vie de Troupier, charges et fantaisies à pied et à cheval. *Paris, Maison Martinet*, 1 vol. in-4, demi-rel. mar. rouge, dos et coins.

— 16 —

140 — **RANDON**. Messieurs nos Fils et Mesdemoiselles nos Filles. *Paris, Maison Martinet*, 1 vol. in-4, cart.

141 — **RANDON**. Les Petites Misères. *Paris, Maison Martinet* 1 vol. in-4, cart.

142 — **RECUEIL** de gravures sur bois. 1 vol. in-4, cart.

143 — **RECUEIL** factice de 10 lithographies et gravures d'après Bida, Mouilleron, Français, Géricault, Grenier, Prud'hon, Gigoux, etc., en 1 vol. in-folio, cart.

144 — **RECUEIL** renfermant 332 vignettes des dix-septième et dix-huitième siècles. 1 vol. in-fol., cart.

145 — **RECUEIL** de gravures sur bois. Caricatures par divers artistes. 1 vol. in-4, cart.

146 — **RECUEIL** de dessins par divers artistes. 28 pièces en 1 vol. in-4, mar. rouge.

147 — **REGNAULT** (T.-C.). Mme Elisa Lemonnier, — Mme de Lamartine, — Victor Noir, — Le Comte de Grossolles Flamarens, — E. Meissonnier, etc. Huit pièces, dont plusieurs avec texte.

148 — **RENOUARD**. Croquis d'animaux. 1 vol. in-4, cart.

149 — **RETHEL**. Le Socialisme. Nouvelle danse des morts, composée et dessinée par Alfred Rethel, lithographiée par A. Collette. *Paris, Goupil et Vibert*, s. d., in-fol. en feuilles.

150 — **ROPS**. Petite peleuse de pommes de terre. Eau-forte. Épreuve d'artiste, sur chine.

151 — **ROPS** (F.). Planche d'essai des Cythères parisiennes. Eau-forte sur chine. Très rare.

152 — **ROPS** (F.). Humanité. Eau-forte. Épreuve d'artiste.

153 — **ROPS** (F.). Pêcher mortel. Eau-forte. Épreuve d'artiste.

154 — **ROPS** (F.). Port Fau Diaboliques. Eau-forte. Épreuve d'artiste.

155 — **ROPS** (Félicien). Composition inédite à l'eau-forte de F. Rops, pour Mlle de Maupin, de Th. Gautier. Épreuve sur Vergé, avec remarque d'artiste, à toutes marges, in-4.

156 — **ROPS** (F.). Médaille de Waterloo. Lithographie.

157 — **ROPS** (F.). Tautin, rôle du père Lalouette dans la Femme qui se grise. — La Dernière Incarnation de Vautren. Six épreuves, sept pièces.

158 — **ROPS** (F.). En Ardenne, — *Les Framboisy*, — Fosse aux lions, — Les Derniers Flamands. Quatre pièces lithographies. Belles épreuves.

159 — **ROPS** (F.). La Médaille de Waterloo, pièce satirique contre l'Empire, grand in-fol. Belle épreuve.

160 — **ROPS** (F.). Chez les Trappistes. Belle épreuve.

161 — **SADELER**. Études de chevaux, d'après Stradan. 1 vol. in-4, obl., sans titre.

162 — **SAINT-SAUVEUR**. Acteurs et actrices célèbres qui se sont illustrés sur les trois grands théâtres de Paris, ouvrage orné de soixante portraits coloriés. *Paris, chez Latour et chez Mme Vve Hocquart*, 1808. 2 vol. in-12, cart., non-rognés.

163 — **SIX** tableaux de Compte-Calix. Scènes coloriées de la bonne compagnie parisienne. *Paris, au bureau du Journal les Modes parisiennes*. 1 vol. in-fol. obl., cart.

164 — **SOCIÉTÉ** d'Aquarellistes français, ouvrage d'art, publié avec le concours artistique de tous les sociétaires; texte par les principaux critiques d'art. *Paris*, 1883. Huit livraisons in-fol., en portefeuilles.

165 — **SOCIÉTÉ** des Grands Peintres français et étrangers, ouvrage d'art, publié avec le concours artistique des maîtres, texte par les principaux critiques d'art. *Paris*, 1886. Huit livraisons in-fol., en portefeuilles.

166 — **SOUVENIRS** pittoresques de la Belgique; trente-six vues de la Belgique et un plan de Bruxelles, gravés par les

meilleurs artistes de Londres. *Bruxelles*, 1838. 1 vol. in-4, cart.

167 — **TRIMOLET.** Composition pour les chansons de Béranger. Dessin à la mine de plomb et lavis d'encre de chine ; signé.

168 — **VALERIO.** Nouvelle suite de croquis pour l'étude du dessin et de l'aquarelle. *Paris, J. Langlumé*, s. d., 1 vol. in-4 obl., cart.

169 — **VERNIER** (Emile). Une Famille de Saltimbanques, d'après Doré, — les Casseurs de Pierres, d'après Courbet. Deux pièces, avec dédicaces.

170 — **VERNIER** (Ch.). Nos Troupiers en Orient. Suite de 38 pièces en 1 vol. in-4, cart.

171 — **WATTEAU** (d'après Ant.). Etudes de têtes gravées, par Fillœul. 20 pièces en 1 vol. in-8, broché.

172 — **WILLETTE** (A.). Pauvre Pierrot. Suite de 42 pièces, gravées à l'eau-forte. In-4, en portefeuille.

173 — **WILSON** (J.). Portrait d'un jeune homme, d'après F. Cotes. Belle épreuve.

174 — Sous ce numéro, il sera vendu un grand nombre d'estampes anciennes, lithographies, photographies et affiches.

Imprimerie D. Dumoulin et Cⁱᵉ, à Paris.

www.ingramcontent.com/pod-product-compliance
Lightning Source LLC
Chambersburg PA
CBHW061521040426
42450CB00008B/1728